Cena para un dinosaurio

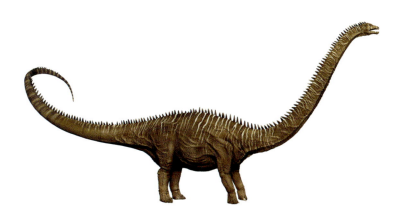

ESTA EDICIÓN
Producido para DK por WonderLab Group LLC
Jennifer Emmett, Erica Green, Kate Hale, *fundadoras*

Edición Grace Hill Smith, Libby Romero, Michaela Weglinski; **Edición de fotografía** Kelley Miller, Annette Kiesow, Nicole DiMella; **Dirección editorial** Rachel Houghton; **Diseño** Project Design Company; **Investigación** Michelle Harris; **Revisión de textos en inglés** Lori Merritt; **Creación de índices en inglés** Connie Binder; **Traducción** Isabel C. Mendoza; **Corrección de pruebas** Carmen Orozco; **Lectura de sensibilidad** Ebonye Gussine Wilkins; **Especialista en lectura de la colección** Dra. Jennifer Albro; **Especialista en currículo** Elaine Larson

Primera edición estadounidense, 2025
Publicado en Estados Unidos por DK Publishing, una división de Penguin Random House LLC
1745 Broadway, 20th Floor, New York, NY 10019

Copyright © 2025 Dorling Kindersley Limited
© Traducción en español 2024 Dorling Kindersley Limited
25 26 27 10 9 8 7 6 5 4 3 2 1
001-345925-August/2025

Título original: *Dinosaur Dinners*
Primera edición: 2023

Todos los derechos reservados.
Sin limitación a los derechos bajo la propiedad intelectual expresada arriba, ninguna parte de esta publicación puede ser reproducida, guardada o incluida en ningún sistema de recuperación de información, ni transmitida en ninguna forma ni por ningún medio (electrónico, mecánico, mediante fotocopia, grabación o cualquier otro) sin el permiso previo, por escrito, del titular de los derechos de autor.
Publicado en Gran Bretaña por Dorling Kindersley Limited

Un registro de catálogo de este libro está disponible en la Biblioteca del Congreso.
HC ISBN: 978-0-5939-6663-1
PB ISBN: 978-0-5939-6662-4

Los libros de DK están disponibles con descuentos especiales para compras al por mayor para promociones especiales, regalos, recaudación de fondos o usos educativos. Para más información contacte a:
DK Publishing Special Markets, 1745 Broadway, 20th Floor, New York, NY 10019
SpecialSales@dk.com

Impreso en China

La editorial quisiera agradecer a las siguientes personas e instituciones
por el permiso para reproducir sus imágenes:
a=arriba; c=centro; b=abajo; i=izquierda; d=derecha; s=superior; f=fondo
123RF.com: leonello calvetti 6
Imágenes de cubierta: *Frente:* **Dorling Kindersley:** Jon Hughes bd; **Dreamstime.com:** Anastasiya Aheyeva; **Getty Images / iStock:** JoeLena c
All other images © Dorling Kindersley

www.dk.com

Este libro se ha impreso con papel certificado por el Forest Stewardship Council™ como parte del compromiso de DK por un futuro sostenible.
Para más información, visita
www.dk.com/uk/information/sustainability

Nivel 2

Cena para un dinosaurio

Lee Davis

DK

Contenido

6 ¿Qué comían los dinosaurios?
8 Los carnívoros
18 Los herbívoros

30 Glosario

31 Índice

32 Prueba

¿Cuál es tu dinosaurio favorito? ¡Lee para conocer algunos que son fascinantes!

¿Qué comían los dinosaurios?

Diferentes tipos de dinosaurios comían cosas distintas.

Carnívoros
A los dinosaurios que comían solo carne se les llama carnívoros.

Herbívoros
A los dinosaurios que comían solo plantas se les llama herbívoros.

Omnívoros
A los dinosaurios que comían tanto carne como plantas se les llama omnívoros.

Los carnívoros

Los carnívoros comían peces, insectos, mamíferos pequeños, reptiles y otros dinosaurios.

Tiranosaurio

Tamaño: 37 pies (12 m) de largo

Característica: dientes afilados para desgarrar carne y romper huesos

Alimento: dinosaurios grandes

Troodonte

Tamaño: 6 pies (2 m) de largo

Característica: ojos grandes para localizar a su presa

Alimento: animales pequeños

Espinosaurio

Tamaño: 52 pies (16 m) de largo

Característica: mandíbulas poderosas para morder y atrapar a su presa

Alimento: peces y dinosaurios

Soy un dinosaurio y estoy buscando qué desayunar.

Tengo ojos grandes.
Te puedo ver, donde sea que te encuentres.

Troodonte

11

Soy un dinosaurio y estoy listo para almorzar.

Herrerasaurio

Me puedo mover rápido con mis fuertes patas traseras.

Puedo atraparte, aunque corras.

Soy un dinosaurio hambriento, con ganas de cenar. Soy más grande que tú.

Me veo aterrador, ¡y lo soy!

Tiranosaurio

15

Todos nosotros tenemos dientes y garras afilados. Somos carnívoros. Comemos otros dinosaurios.

Tiranosaurio

Herrerasaurio

Espinosaurio

17

Los herbívoros

La mayoría de los dinosaurios eran herbívoros.

¡Tenían que cuidarse de los carnívoros que se los querían comer!

Barosaurio
Este dinosaurio se movía muy despacio y comía todo tipo de plantas.

Edmontonia
Su cabeza quedaba a una baja altura, por eso comía hierba del suelo con facilidad.

Plateosaurio
Este dinosaurio se paraba en sus dos fuertes patas traseras para comer hojas.

Braquiosaurio
Este "gigante manso" usaba su largo cuello para alcanzar las hojas más altas de los árboles.

Soy un dinosaurio que solo come plantas. Permanezco cerca de mis crías para protegerlas de los carnívoros.

Maiasaura

Les hice un nido con un montículo de tierra. Les traigo hojas y bayas para que coman.

Somos pequeños pero rápidos. Comemos plantas que crecen cerca del suelo.

Hipsilofodontes

Vivimos en una manada. Si uno de nosotros ve a un carnívoro, todos huimos de inmediato con nuestras fuertes patas traseras.

Me veo aterrador porque soy muy grande.

Necesito comer enormes cantidades de hojas para mantenerme bien.

Uso mi largo cuello para alcanzar las hojas que están en lo más alto de los árboles.

Barosaurio

Puedo detectar el peligro que se acerque desde cualquier dirección.

Soy mucho más alto que cualquiera de los carnívoros.

No comemos carne, ¡pero necesitamos protegernos de los dinosaurios carnívoros!

Vivimos en una manada y nos cuidamos unos a otros cuando los carnívoros se acercan mucho.

Estiracosaurio

Me sé proteger.
Los dientes afilados
no pueden abollar la
armadura de mi cuerpo.

Puede que me mueva
despacio, pero ten
cuidado con las
púas afiladas
que llevo en
los hombros.

Edmontonia

Glosario

Barosaurio
Dinosaurio que comía plantas. Su nombre significa "lagarto pesado".

Braquiosaurio
Dinosaurio que comía plantas. Su nombre significa "lagarto con brazos".

Edmontonia
Dinosaurio que comía plantas. Su nombre significa "de Edmonton" (Canadá).

Espinosaurio
Dinosaurio que comía animales. Su nombre significa "lagarto con espinas".

Estiracosaurio
Dinosaurio que comía plantas. Su nombre significa "lagarto con púas".

Gallimimo
Dinosaurio que comía plantas y animales. Su nombre significa "imitador de gallinas".

Herrerasaurio
Dinosaurio que comía animales. Recibe su nombre en honor a Victorino Herrera, la persona que lo descubrió.

Hipsilofodonte
Dinosaurio que comía plantas. Su nombre significa "diente de cresta alta".

Maiasaura
Dinosaurio que comía plantas. Su nombre significa "lagarta buena madre".

Plateosaurio
Dinosaurio que comía plantas. Su nombre significa "lagarto ancho".

Tiranosaurio
Dinosaurio que comía animales. Su nombre significa "lagarto tirano".

Troodonte
Dinosaurio que comía animales. Su nombre significa "diente que hiere".

Índice

armadura 28

Barosaurio 18, 24–25

Braquiosaurio 19

carnívoros 6–17, 18, 20, 23, 25, 26

crías de dinosaurio 20–21

dientes 8, 16, 28

Edmontonia 18, 28

Espinosaurio 9, 17

Estiracosaurio 7, 26–27

Gallimimo 7

garras 16

herbívoros 7, 18–29

Herrerasaurio 12–13, 17

Hipsilofodontes 22–23

Maiasaura 20–21

manada 23, 26

nido 21

ojos 9, 10

omnívoros 7

patas 13, 19, 23

Plateosaurio 19

púas 28

Tiranosaurio 6, 8, 14–15, 16

Troodonte 9, 10

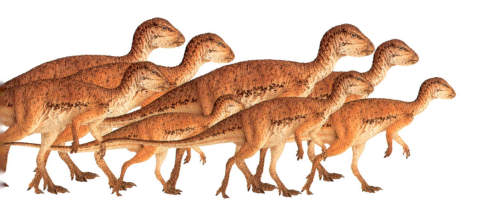

Prueba

Responde las preguntas para saber cuánto aprendiste. Verifica tus respuestas en la parte de abajo.

¿Qué dinosaurio soy?

1. Vivo en una manada grande que me protege de los carnívoros.
2. Corro muy rápido. Uso mis afiladas garras cuando cazo animales.
3. Uso mis afilados dientes para desgarrar la carne y romper los huesos de otros dinosaurios grandes.
4. Me muevo muy despacio, y como muchos tipos de plantas.
5. Como plantas y animales.

1. Estiracosaurio 2. Herrerasaurio 3. Tiranosaurio 4. Barosaurio
5. Gallimimo